超一流の謝り方

千田琢哉

SOGO HOREI PUBLISHING CO., LTD

Prologue

出世するということは、謝るということだ

「何が何でも出世したい！」という人は多い。

せっかくこの世に生まれてきたからには、出世しないよりは出世したほうが断然楽しいし、より充実した人生を歩めるのは間違いない。

私は読者が出世するために、こうして本を書いている。

だがあなたは、本当に出世をすることの意味を理解しているだろうか。

出世すると偉くなって踏《ふ》ん反《ぞ》り返ることができると思っている人は多いが、それは大きな間違いだ。

出世するということは、謝るということなのだ。

出世するということは、頭を下げる機会が増えるということなのだ。

偉くなるということは、謝るということなのだ。

偉くなるということは、頭を下げる機会が増えるということなのだ。

謝るのが苦手だという人は、永遠に底辺人生で終わる以外に道はない。

現に、公共の場で謝るのが苦手な連中の顔を一度じっくり観察してみればいい。

どう考えても仕事ができなさそうで社内のポジションも低そうな、うだつの上がらない顔ぶれのはずだ。

ヤクザの世界でも謝るのが苦手なダメ人間は、ずっと底辺の貧しいチンピラで生涯を終えるか、例外なく途中で抹殺されている。

否、正確にはどんなに優秀なエリートでも謝るのが苦手な連中は、必ず組織から干される運命にあるのだ。

現在私が仕事をしている出版業界を見ていても、これは明白だ。

ヒラの編集者より編集長、編集長より部長、部長より社長のほうが頻繁《ひんぱん》に謝るし、謝罪の仕方も役職に比例して上手くなっていく。

いかがだろうか。

以上を読んで「謝るくらいなら出世なんてしたくない」と思った人は、それも立派な決断だ。

さっさと本書を放り投げて底辺人生を謳歌《おうか》すればいい。
「自分は出世するために、ちゃんとした謝り方を習得するぞ」と決断した人は、必ず本書があなたを出世に導くきっかけになるだろう。

２０１６年３月吉日　南青山の書斎から

千田琢哉

第1章

超一流の謝り方↓初歩

第2章 超一流の謝り方→基本

第3章

超一流の謝り方→標準

第4章

超一流の謝り方→応用

第1章◆超一流の謝り方　初歩

01

はじめに言葉ありき

「自分で悪いとは思っていないのに、どうしても謝らなければなりませんか？」

ここ最近、そんなヘナチョコ君が急増中だ。

謝罪は、自分がどう思っているかは問題ではない。

相手がどう思っているかがすべてである。

特に新人などのヘナチョコ君は、人生すべてが間違っていると考えてちょうどいい。

社内では、ただ存在するだけで迷惑がかかっているくらいだ。

少なくとも、そのくらいの謙虚さがあっていい。

そしてヘナチョコ君が理解できなくてもいいから、とりあえず暗記しておかなければならないことは、はじめに言葉ありきということだ。

冒頭で挙げたように、自分が悪いと思っていなくても、とりあえず言葉を発すれば必ずそれに感情が伴うのだ。

「ごめんなさい」

「申し訳ございませんでした」

これらの言葉を口にするだけで、あなたの感情は言葉に近づいていく。

あなたが「ごめんなさい」と口にすると、あなたの表情や姿勢も「ごめんなさい」という謙虚な雰囲気になり応援されやすくなっていく。

あなたが「申し訳ございませんでした」と口にすると、あなたの表情や姿勢も「申し訳ございませんでした」という謙虚な雰囲気になり、応援されやすくなっていく。

以上は、謝罪の言葉に限らない。

感謝の言葉も同様に「ありがとう」と発し続けていると、あなたの表情や姿勢も「ありがとう」という雰囲気になり感謝が集まってくる。

愛の言葉も同様に「大好きだよ」と発し続けていくと、あなたの表情や姿勢も「大好きだよ」という雰囲気になり愛に満ちてくる。

結果として、あなたが発し続けた言葉通りの人生を歩むことになるわけだ。

以上のことを「くだらない」と鼻で笑うような連中は、絶対、必ず、１００％の確率で周囲から鼻で笑われる「くだらない」人生を歩むことになる。

虚心坦懐《きょしんたんかい》にあなたの周囲の人々を観察していれば、こんなことくらいすぐにわかるはずだ。

まずは、謝罪の言葉を口にしよう

02

許してもらえない前提で謝る

「せっかく謝ってあげたのに、許してくれません！」

これまでそんな愚痴《ぐち》を聞いた経験は、数え切れないほどある。

こんなことを平気で口にする人は、根本的に謝罪の意味がわかっていないのだ。

謝罪というのは、ひたすら「ごめんなさい」を伝えることであって、相手に許す義務などない。

許してもらえない前提で謝らないと、そもそも反省などしていない証拠なのだ。

たとえば、あなたが自分の息子を殺されて、犯人から「ごめんなさい」と謝罪されたとしよう。

それに対してあなたが「許せるはずがない。言葉などどうでもいいから息子を返してくれ！」と叫んだとする。

それを聞いた犯人が「チッ、許してくれないのなら謝って損した」と漏《も》らしたら、あなたはどう思うだろうか。

犯人はそもそも反省などしていなかったことに、気づかされるはずだ。

それどころか、許してもらえる前提で謝るということは、相手に謝っているのではなく、ひたすら自分のために謝っている卑しい行為であることにも気づかされるだろう。

さすがに自分の子どもが殺される例は極端すぎるのではないかと思う人もいるかもしれないが、そんなことはない。

何事も物事に行き詰まったら、極端な例を考えてみると問題解決しやすいのだ。

「1／nというのは究極どんな数値に近づいていくのか」

と考える際に、N＝1、2、3……と順に入れていって途中で行き詰まったら、1億や1兆を入れて考えると0に近づいていくイメージが容易にできるのと同じだ。

それに現実の世界では、あなたの遅刻が誰かを殺すこともあると知っておこう。

あなたの仕事が遅れたために、取引先の売上が遅れ、さらにその取引先の売上も遅れてその会社の経営が行き詰まり、社長が自殺してしまうこともある。

これは直接的には殺人ではないが、間接的には立派な殺人となる。

あなたにとってはどんな些細《ささい》に見えることでも、相手にとっては命が関わっていることもあるのだ。

謝罪した程度で許してもらえると思ったら、大間違いなのだ。

相手が許してくれるかどうかは、関係ない

03

言葉とお辞儀《じぎ》は別々に

謝罪は自分のためにではなく、相手のためにする行為だということはすでに述べた。

相手に誠意をきちんと伝えたければ、次のことを憶えておくといい。

言葉とお辞儀は、別々にしようということだ。

お辞儀をしながら「申し訳ございませんでした」と言うのではなく、最初にきちんと相手の目を見て「申し訳ございませんでした」と言ってからお辞儀をするのだ。

お辞儀をしながら謝罪する人が多いのは、なぜだろう。

それはお辞儀をすることによって、相手と目を合わせなくても済むからだ。

言葉とお辞儀を同時にして謝罪するのは、単なる逃げなのだ。

極端な話、下を向きながらベロを出している連中もいるくらいだ。

もちろん本当にベロを出している人もいるが、心の中でベロを出している人は本当に多い。

「とりあえず謝ってやるけど、本心からじゃないぞ」というのが、言葉とお辞儀を同時にする真意なのだ。

言葉とお辞儀を同時にするのは、相手に謝っているのではなく、地面に謝っているのだ。

これまで深々と頭を下げて謝罪した割には相手の怒りが収まらなかったことが多いという人は、ぜひ一度試してもらいたい。

言葉とお辞儀を別々にするだけで、随分《ずいぶん》と相手の表情や雰囲気が変わるはずだ。

最初に目を合わせて謝罪することで逃げない姿勢を示し、そのあとお辞儀をすることで相手に屈服する姿勢を示すのだ。

謝罪する姿勢としては、これ以上に清々《すがすが》しいものはない。

もちろんこれで許してもらえる保証などどこにもないが、相手の怒りが少し和らぐのは間違いない。

以上は、何も謝罪に限った話ではない。

「ありがとうございます」と相手の目を見て伝えてから、深々とお辞儀をすると随分とあなたの印象が良くなるだろう。

言葉で感謝を伝えた上で、さらに行動でも感謝を伝えたことになる。

反省も感謝も言葉と行動を分けて行うことによって、より相手に誠意が伝わりやすくなるのだ。

謝罪の言葉は、相手の目を見て伝える

04

言い訳をしたら、ゲームオーバー

せっかく謝罪をしていると思ったら、途中から言い訳を始める人がいる。

「今回は本当に申し訳ございませんでした。……ただ、一つだけよろしいでしょうか？」

「ごめんなさい。でも……」

謝罪のときに言い訳を始めたら、その時点でゲームオーバーだ。

どんなに卓越《たくえつ》した謝罪をしても、言い訳をした時点ですべてはご破算《はさん》なのだ。

否、正確には謝罪が卓越していればいるほどに、言い訳が醜く映るものだ。

謝罪をするならば、絶対に自分から言い訳をしないことだ。

もちろん、相手から言い訳を聞き出してくれる場合は別だ。

ただその場合もその助け舟に嬉々《きき》として乗るのではなく、必ず改めて謝罪の気持ちを伝えることだ。

「でも悪気《わるぎ》はなかったんでしょ？」と言われたら、「その通りです！」と開き直るのではなく、「もちろんそうですが、迷惑をおかけしたことには変わりはございません」と再び頭を上げて伝えた上で、もう一度深々とお辞儀をすることだ。

「でもうちにも非があったことだし……」と言われたら、「ご存知《ぞんじ》でしたか。実は……」と便乗《びんじょう》するのではなく、「いえ、うちが迷惑をおかけした事実は変わりません」と再び頭を上げて伝えた上で、もう一度深々とお辞儀をすることだ。

以上を聞いて、「さすがにそこまで酷《ひど》い人はいないでしょう」と、あなたは笑うかもしれない。

だが残念ながら、これらはすべて私が1次情報で獲得した実例ばかりだ。

謝罪する姿というのは、その人の本質が露呈《ろてい》される。

謝罪の際にダラダラと言い訳をする人間ほど、99：1でその本人が圧倒的に悪い。99％の犯人に限って、謝罪はさておき言い訳に全エネルギーを注ぐものだ。

反対に謝罪の際に一切の言い訳をしない人間ほど、1：99で相手に非がある。わずか1％しか罪を犯していない人は、言い訳はさておき謝罪に全エネルギーを注ぐのだ。

私の場合は謝罪にやって来た相手の言い訳が始まったら、話を打ち切り即中座する。

メールでも謝罪の言葉より言い訳が長いものは即削除して、受信拒否に設定する。おかげでねちっこい甘酒ではなく、水のようなサッパリした人間関係を築いている。

謝罪に言い訳は必要ない

05

「ただ、もう少し具体的に教えてください」と言い返さない

クレームを言われたり注意を受けたりした際に、とても感じの悪い対応をする人がいる。

「ただ、もう少し具体的に教えてください」と言い返してくる人だ。

本来ひたすら謝らなければならないにもかかわらず、「あなたの言っていることは抽象的だから、もっと具体的に言わなければわからないじゃないか！」と立場を逆転させようという、浅はかでいやらしい行為だ。

お客様や上司に説明させることによって生徒扱いして、相手のポジションを下げるのだ。

そして自分が聞く側に回って、その説明がわかりやすいか否かを判定する先生のように、図々《ずうずう》しく自分のポジションを上げるのだ。

放っておくとこういう輩《やから》には、「もっと具体的に教えていただけませんか？」とやり込められてしまう。

これが通用するのは最初のうちだけで、そのうちまともな相手からこう言われる。

「おいおい、何よりもまず〝ごめんなさい〟だろう？」

「そんなの自分の頭で考えろ！　注意を受けている上に理由まで言わせるとは何

様？」

その通りなのだ。

相手から注意を受けたら、何よりもまず「ごめんなさい」なのだ。

「ごめんなさい」をすっ飛ばして、すました顔で理由を聞いてくる人間は、言語道断《ごんごどう》《だん》なのだ。

目上の相手から注意を受けた際に、自分から理由を聞くのは失礼だと気づくことだ。

「もう少し具体的に教えてください」「いったい私のどこがいけなかったのでしょうか？」というセリフは、何よりもその人が反省をしていない証拠なのだ。

謝罪で大切なことは、まず自分が反省していることが相手に伝わることだ。

極論すれば、それ以外はおまけに過ぎない。

その上でどうしても理由を知りたければ、自分の頭で考え抜いた上で自分なりの理由を述べてみることだ。

「今後二度と〇〇のようなことはしません」

「やはり私の〇〇という点が至らなかったのでしょうか……」

それで間違っていれば相手は教えてくれることもあるし、呆れ返って絶縁されることもある。

いずれにせよ、間違っていたことがわかっただけでもありがたい話なのだ。

目上から注意を受けた際に食い下がって理由を聞くのは、失礼

06

「そっちだって……」と、言わない

せっかく謝罪したのに相手に許してもらえないからといって、「そっちだって……」とつい逆ギレしてしまう人がいる。

「そっちだって……」とやらかしたら、負のスパイラル人生へ突入する。

この世の中で「そっちだって……」合戦ほど醜いものはない。

仮に相手にも非があったとしても、「そっちだって……」とやらかした瞬間、あなたも同じ穴のムジナのおバカ軍団に見えてしまうのだ。

喧嘩《けんか》両成敗《りょうせいばい》という言葉があるが、「そっちだって……」とやらかした瞬間、これまでいくら上品に振る舞っていたとしても、あなたも下品な人間の仲間入りなのだ。

だから謝罪して許してもらえなかったとしても、ムッとして「そっちだって……」と絶対に言わないことだ。

もしあなたが謝罪している相手にも非があれば、いずれ必ず相手はその責任を負わされることになる。

これは罰が当たるというスピリチュアル的な考えによるものではなく、絶対、必ず、１００％確実に責任を負わされることになるのだ。

自分にも非があるのにいつも相手に謝らせてばかりの人は、あちこちでそれをやらかしているから日々恨みを買っている。

あなたが「そっちだって……」とわざわざやらかさなくても、そこら中で恨みを買っているから、他の誰かに怒鳴られたり嫌がらせをされたりするものだ。

最悪の場合は、通りすがりの人からブスッとやられるかもしれない。

これは小説やテレビドラマの世界ではなく、ごく日常で現実に起こっている数々の事件を見ていれば明らかだろう。

私自身の経験を言えば、思わず「そっちだって……」と言いたくなった相手は、その後100%の確率で不幸になっている。

こうして本に書くことができないくらいに、悲惨《ひさん》な人生を遂げた人も複数いる。

どんなに理不尽な相手に遭遇《そうぐう》しても、「そっちだって……」と言わないことが最高の復讐《ふくしゅう》になるのだ。

否、理不尽な相手にこそ、「そっちだって……」と言わないことで完全犯罪の仕返しをしていると考えれば、あなたもストレスを溜め込まずに済む。

「そっちだって……」と言わないだけで、あなたは最強の武器を獲得したも同然だ。

非がある相手は、いずれその報いを受ける

07

謝ったついでに、売り込まない

よく「ピンチはチャンス！」とばかりに、謝罪のついでに売り込む人がいる。

これは高額商品を扱うブランドショップの店員にもよく見られる傾向だが、不良品を売って謝罪しておきながら、すかさず新商品を売り込んでくるというものだ。

もちろんこれは、売上をアップさせるためのマニュアルだ。

健気《けなげ》な店員たちは、マニュアルに盲目的《もうもくてき》に従いながらそうしているだけの話だ。

だが、あなたも冷静に考えてみればこれはおかしいとわかるはずだ。

どうして謝った側が、さらに相手からお金を搾取《さくしゅ》しようとするのか。

謝る側というのは、むしろお金を搾取するのではなく、本来はお金を払わなければならないはずだ。

私は好奇心からこれらの売り込みを傾聴《けいちょう》することが多いが、もちろんお金など1円も支払わない。

それどころか、こうした店員たちの時間を奪いに奪って、貪欲《どんよく》に情報収集し、ことんその気にさせておきながらシュパッと帰る。

膨大《ぼうだい》な時間を奪われた店員は、慌てて貴重な資料を帰り際に手土産にくれるわけだが、もう二度と私はその店から購入することはない。

購入しなければしないほど、相手は熱心に追いかけて経費を使うから非常に面白い。

だが、店員が真摯《しんし》に謝罪のみしてきた場合は、この限りではない。

誰にでも間違いはあるし、もともと店員が不良品を製造したわけではない。

ただ、会社の窓口として謝罪するのは社会人として最低限のマナーだから、それが合格ラインに達した相手とのみ、私はビジネスを継続したいのだ。

それがお金に対する敬意なのだ。

ここ最近は、お金に対する敬意が下がってきているように思う。

お金持ちは相変わらずお金に敬意を払っているが、お金持ちじゃない人はお金に敬意を払っていない。

本気でお金に敬意を払っているのなら、お金をいただく人にもっと畏怖《いふ》の念を抱いてもいいはずだ。

お金というのは、人が働いた知恵と汗の結晶だから、そのお金を軽く見るということは、人を軽く見るということだ。

謝罪のついでにちゃっかりお金を巻き上げようという考えは、言語道断も甚《はなは》だしい。

謝罪の際は、謝罪に徹する

08

謝った直後に、別の場所で馬鹿笑いをしない

私が10代や20代の頃から、ずっと不思議に思っていたことがある。

謝罪した直後に、別の場所で馬鹿笑いをしている人が多いということだ。

次第に、これらの人々は神経が図太《ずぶと》いというより、単に無知蒙昧《むちもうまい》な愚か者だと気づくようになった。

ひょっとしたらあなたも、よくそんなことをやらかしているかもしれない。

もしそうなら、この機会にぜひその習慣とは決別することだ。

なぜなら、**謝罪された相手というのは、あなたが謝っている姿ではなく、あなたが謝ったあとの姿を見ている**からだ。

あなたも想像してみればいい。

つい先ほど自分に謝罪した相手が、わずか数秒後に友人と群れて馬鹿笑いしている声が聞こえてきたら、あなたはどんな気持ちになるだろうか。

恐らく、「先ほどの謝罪は演技だったのか」とムッとするはずだ。

そしてムッとしたあとには、悲しくなるはずだ。

「あの人とはどんなことがあってもわかり合えないな」と、絶望を感じるに違いない。

人にやられて嫌なことは、自分もやらないことだ。

私が売上ノルマの厳しい某業界のセールスたちに厳しく指導したのは、クレーム処理でお客様宅を訪問したあとには、オフィスに戻るまでは絶対に笑ってはいけないということだ。

もちろん、お客様から「元気出せよ」「笑顔を見せろよ」と励まされた場合はこの限りではないが、それでも**別れ際に背中で謝り続ける必要がある。**

私は謝罪に来た相手をどこで判断しているかといえば、いつも別れ際の背中で判断している。

いくら謝罪の仕方が卓越していても、別れた直後に早速携帯電話をかけて笑っている姿を見ると、「この人は偽物だな」という印象しか残らない。

しかも、その携帯電話で相手に「すいません。長引いちゃって〜」と言っているのが聞こえてきたら、あなたはどう思うだろうか。

そんな相手を許す気にはならないはずだ。

謝罪は謝っている最中よりも、謝った直後こそが大切なのだ。

あなたの本当の誠意は、謝ったあとの背中に表れる

09

何でもかんでも
メールで済ませようとしない

最近はメールが当たり前になってきたためか、何でもかんでもメールで済ませようとする人が増えた。

たとえば謝罪がそうである。

きっとあなたも、こんな経験をしたことがあるだろう。

「こんな重要な謝罪をメールで終わらせるの？」というような経験を。

メールというのは原則タダだ。

タダである上に指先をほんの少し動かせば、謝罪を完了してしまうことが可能だ。

換言《かんげん》すれば、それだけ相手に誠意が伝わらないということに他ならない。

便利であるがゆえに、それが軽く見えてしまうのだ。

もちろん、さほど深刻ではない謝罪のやり取りはメールで済ませばいい。

だが世の中には、メールで済まないことも多数存在することを忘れてはいけない。

メールの良いところとしては、そのスピードだ。

まずはメールの武器であるスピードを活かして、すぐに謝罪するのはいいだろう。

その上で、「メールで済ませるわけにはいかないので、一度訪問させていただけないでしょうか？」と提案をしてみるのだ。

相手が「忙しいから、今回はもういい」と断ってきたら、それに従えばいい。

ただしその場合でも誠意が伝わるように、直筆《じきひつ》のハガキで即日謝罪しておくことだ。

できれば速達だと、より本気が伝わるだろう。

私もこれまで数えきれないほど謝罪をしてきたが、一番多く経験して、しかも効果的だったのはダントツで速達ハガキだった。

反対に謝罪される立場になることもこれまでにたくさんあったが、率直に申し上げて、貴重な時間を奪われるから、わざわざ訪問してもらっても迷惑なだけだった。

それよりは、速達ハガキが送られてきたほうが貴重な時間を奪われないで済むだけではなく、「お、こやつやるな」と感じたものだ。

これ以外にも、私の知人には電報で謝罪をした人もいるが、あなたがピンときたものを真似したり、あなたが独自に開発したりすればいいと思う。

大切なのはメールに慣れ切っているからこそ、メールですべてが済まされるわけではないと気づくことだ。


世の中がデジタル化すればするほどに、アナログの希少価値が高まるのだ。

メールだけの謝罪は、誠意が伝わりにくい

10

相手の「もういいよ」を、真に受けない

謝罪した際に、たいていの相手は「もういいよ」と言ってくれる。

もちろんこれを鵜呑《うの》みにしてはいけない。

その証拠に、「もういいよ」と言ってくれた相手の中には、あなたから離れて行った人もいるのではないだろうか。

否、正確には離れて行った相手のほうが、今傍《そば》にいてくれる人たちよりも遥かに多かったはずだ。

それは人が、「もういいよ」とは本心では思っていないということに他ならない。

この厳しい現実から目を逸らしてはいけないのだ。

建前《たてまえ》はともかく、「もういいよ」の真意は、「もうこれからあなたとは関わらないからいいよ」ということなのだ。

何を隠そう、私自身がその意味でよく「もういいよ」を使ってきたし、今もそうしている。

ある程度以上リーダー経験を積んだ人間であれば誰もが気づいているが、「人は変わらない」という現実がある。

正確には**「人は〝滅多《めった》なこと〟では変わらない」**のだ。

物覚えの悪い人間が突如《とつじょ》として優秀になることもなければ、低いＩＱが突然高くなることもないのだ。

ダメ人間は相変わらずダメなままだし、鈍い連中はずっと鈍いまま人生を終える。もしあなたが〝滅多なことでは〟ということの例外的存在になりたければ、「もういいよ」と言われたら死ぬ気で変わるための努力をすることだ。

これは大袈裟《おおげさ》な話でも何でもない。

遺伝子を塗り替えるくらいに、否、正確にはあなたはもう間に合わなくても、あなたの子孫の遺伝子が塗り替わるように、命がけで努力するのだ。

人の10倍、１００倍努力しなければ報われないなら、血反吐《ちへど》を吐いてでもそうすることだ。

それによって寿命が縮むかもしれないが、遺伝子を塗り替えるということはそういうことなのだ。

もちろん、あなたにはそんな努力から逃げ続けて、今の水準で生きる権利もある。

いずれにせよ、「もういいよ」のすべてを言葉通りに受け取らないことだ。

本気で変わりたければ、寿命を縮める覚悟が必要である

11

ゾロゾロ連れ立って謝らない

昭和時代までよく見られた謝罪スタイルに、ゾロゾロ集団でやってくるというものがあった。

随分数が減ったとはいえ、私は今世紀に入ってからも、このゾロゾロ謝罪に何度か遭遇したことがある。

出版社の中にも、たいした規模でもないのに集団で謝罪にやってきた会社がある。いずれも古い体質の会社なのだが、ゾロゾロ連れ立って謝罪にやってくることが、なぜ相手を不快にさせるのかがよくわかっていないようだ。

ぞろぞろ集団でやってくるということは、当然、役職がばらばらだということだ。たとえば３人でやってくる場合は、平社員、課長、部長というパターンが多い。５人でやってくる場合は、平社員、係長、課長、部長、本部長というパターンが多い。

まあサラリーマンの役職なんてハッキリ言ってどうでもいいのだが、**肝心なのはそこにかかる膨大な人件費だ。**

そんなに多くの社員が暇を持て余しているなら、その社員はすべてリストラしてもらい、その分もっとお金が欲しいくらいだ。

冗談ではなく、経営者なら全員そう思うはずだし、多少なりとも知恵の働く人間ならサラリーマンでもそれに気づくはずだ。

翻《ひるがえ》って、あなたはどうだろうか。

独りで謝罪するのが怖いからといって、誰かに付き添ってもらってはいないだろうか。

今の10代や20代には、そんなヘナチョコ君が増えてきていると私は感じている。

もし相手が偉い人間であなた如きが直接お目にかかれないなら、最初から上司独りが謝罪に向かえば済む話だ。

確かに名立《なだ》たる成功者や上場企業の社長ともなれば、中小企業のサラリーマン如きが直接謝罪するのは失礼な話だ。

その場合は上司にお願いして、部長に行ってもらうか、社長に行ってもらうことだ。

そのために上司は存在するのだ。

いざとなったら謝罪するために、上司たちは高い給料をもらっているのだ。

ゾロゾロ連れ立って謝ると、頭が弱く見えるだけでなく、人間性も疑われるのだ。

謝罪の際は、安易に誰かに付き添ってもらわない

第2章◆超一流の謝り方　基本

12

菓《か》子《し》折《お》りを渡しても感動されないが、ないと目立つ

しかるべき謝罪の基本を押さえた上でそれを外すのか、無知であるがゆえに外すのかでは、相手に与える印象には雲泥《うんでい》の差が生まれる。

たとえば、謝罪に菓子折りを持参したほうがいいか否かが、それに該当《がいとう》する。念のため言っておくが、私は謝罪の際に、菓子折りの有無をかなり気にしない部類の人間だと思う。

それを理解してもらった上で、以下読み進めてもらいたい。

菓子折りというのは渡してもそれほど感動されることはないが、ないと目立つものだ。

私もこれまで菓子折りを数え切れないほどもらったが、正直嬉しいとは思わないが、「わざわざどこかの店に寄って買ってきてくれたんだな」と好感を持った。決定打になるようなハッキリとした好感ではないが、ぼんやりと好感を抱いているのではないかと思う。

反対に菓子折りを持たないで謝罪にやってくる人がいると、「あれ?」とどこか違和感を持った。

決定打になるようなハッキリとした違和感ではないが、ぼんやりと違和感を抱いているのではないかと思う。

比率でいうと、謝罪の内容にもよるが、菓子折りなしでやってくるのは十人のうち二人か三人くらいだろうか。

その二人か三人に該当する人たちの共通点を挙げると、全員見事なまでに出世できていないというものだ。

ちょっと鈍いというか、実力や地位の割に厚かましい人が多い。

先天的というのだろうか、どこか天然系なところがある。

どちらかといえば服装もだらしなく、不潔な人ばかりだ。

こうして書いているうちに改めて気づかされたことも多いが、**菓子折りそのものよりも、菓子折りを買う手間をかける感性があるか否かがその人の生き様を露呈している**のではないだろうか。

……とここまで書くと、まるで菓子折りなしで謝罪にくる人間は犯罪者のようだが、どうやら得することだけはないようだ。

「こんな物でごまかすな！」と投げ捨てられても、投げ捨てる物があるだけマシなのだ。

謝罪は、プロセスも見られている

13

菓子折りの質こそ、反省の深さである

どうせ菓子折りを持って行くのなら、ちゃんとした物を持って行くことだ。

菓子折りの質こそ、反省の深さだと考えていい。

「大切なのはお金ではなく、気持ちでしょ？」というのは、ケチな貧乏人の言い訳なのだ。

コンビニで１０００円や１５００円の菓子折りを買って謝罪に行くのは、かえって逆効果になることもあるから注意が必要だ。

もちろん安さを隠蔽《いんぺい》するような包装紙で包まれた菓子折りではなく、一流デパートや一流店の包装紙であることも大切だ。

相手は一流デパートの菓子折りだからといってあなたを許すわけではないが、ダサい菓子折りだと許そうにも許せない。

そういえば私もつい最近、同時期にまったく別の三人から菓子折りをもらった。

全員地方からの訪問者だったが、そのうち二人はいずれも地元の高価な菓子折りを持参してくれた。

二人ともきちんと考えて選んでくれたのだと思う。

ところが一人だけ海外旅行の余り物として、向こうのスーパーで売られていたような粗悪《そあく》なスナック菓子を持ってきた。

順番が最後だったこともあるが、最初の二人とのギャップが目立ってしまった。

本人曰く「高価な物より珍しい物のほうがいいと思いまして……」ということだったが、私には単に手間とお金をケチったとしか思えなかった。

もしそれをやるなら、それなりのワインや高級嗜好品《しこうひん》にすべきだった。

少なくとも、私が逆の立場だったら必ずそうする。

その意味では様々な菓子折りを多くの人からもらいながら、こちらが学ばせもらっているともいえるわけだ。

「あ、これはお洒落《しゃれ》だな」「お、これはいいところを突いてきたな」という菓子折りは、次にあなたが菓子折りを持参する際に真似をしてみるといい。

きっと謝罪をいい方向に支援してくれるはずだ。

反対に「うわ〜、これはないなー」「ダッセ〜」という菓子折りは、次にあなたが菓子折りを持参する際に反面教師にすることだ。

きっと最悪の事態を回避してくれるはずだ。

菓子折りにこそ、しっかりこだわろう

14

「取り急ぎお詫びまで」で、終わらせない

メールなどでお手軽に謝罪を済ませようとする人は、「取り急ぎお詫びまで」と締めくくってあることが多い。

〝取り急ぎ〟とは、「不十分ではありますが、とりあえず急いで対応しておきます」ということだ。

つまり、あとからもう一度丁寧に対応をすることを期待させる言葉の力があるのだ。

ところが現実にはどうなっているだろう。

〝取り急ぎ〟を連発する人は、何年経ってもそれ以上何もしない人が多いのではないだろうか。

とりわけ謝罪でこれをやらかすと、信頼を大きく失墜《しっつい》する。

「取り急ぎお詫びまで」という便利な言葉で、自己完結していることが多いのだ。

酷い場合には、「だからあれは取り急ぎと言ったでしょ？」と逆ギレをする始末だ。

「取り急ぎお詫びまで」とメールをしておけば、期限を寿命が尽きるまでに延ばすことができると考えているのだろう。

だからあなたは**「取り急ぎお詫びまで」といった姑息《こそく》な謝罪をしないのはもちろ**

んのこと、そんな姑息な謝罪をする人たちとは関わらないようにすることだ。

私の場合は「取り急ぎお詫びまで」とメールをしてきた人のうち、好きな相手には「では正式なお詫びはいつまでにしてもらえますか?」と返信して差し上げる。

今までこのように返信して途切れた人間関係は一人もいない。

反対に、嫌いな相手には何も返信しないで、そのまま受信拒否に設定する。

受信拒否をされて私と連絡が取れないと焦った相手は、必死になって連絡を取ろうとしてあの手この手でアプローチしてくるだけだから何も困らないのだ。

メールは、必ず受信しなければならないという決まりはどこにもない。

むしろメールというのは、受信したい相手からのみに限定するべきなのだ。

嫌な感じのメールを送ってくる相手との連絡をすべて断絶することにより、あなたのストレスは驚くほど軽減されることをお約束する。

「取り急ぎお詫びまで」という謝罪メールを送ってくる人というのは、鈍臭《どんくさ》い上に厚かましいわけだ。

つまり能力も人間性も低いということであり、四流の人材だ。

こうした四流の人材から距離を置くことが、一流へ一歩近づく方法なのだ。

「取り急ぎ」で終わらせるお詫びは、信頼を損なう

15

「直接お会いしてお詫びせねばならない」は、自己満足

謝罪は、直接お会いするのが王道ではある。

きちんとお詫びしたい相手には、必ず一度は面会を打診《だしん》することだ。

だが執拗《しつよう》に「何としてもお会いしたい！」と迫ってはいけない。

「直接お会いしてお詫びせねばならない」というのは、単なる自己満足に過ぎないからである。

「何としてもお会いしたい」という人に会ってみると、とても満足そうに帰っていくことが多い。

「わざわざこうして会ってまで謝ったのだからもう大丈夫」と言わんばかりに、背中がウキウキしているのだ。

それでは「本当に反省しているの？」と疑われてしまう。

昔は、謝罪というのは会ってするのが当たり前だったが、今は必ずしもそうではない。

私の場合も、よほどのことでもない限り会って謝罪されるのは迷惑だ。

ただでさえ迷惑を被ったのに、その上時間まで奪われるのは嫌だからだ。

ここで大切なことは、相手が面会を断ってきたあとの話である。

面会を断られたからといって、その後のフォローがなくてもいいわけではない。

もちろん相手は「さて、どうするのかな?」と待ち続けている。

そのまま何もしなければ、関係を絶縁されるだけではなく、生涯相手を敵に回すことになる。

あなたも近所のスーパーや美容室、飲食店などが経営不振に陥って店仕舞《みせじま》いをする様子を見たことがあるだろう。

あるいは、ニュースで大企業の不祥事や倒産劇が毎年のように報じられている。

これらの原因は、すべてお客様や取引先を敵に回したことにある。

お客様や取引先は、ミスをすることは許してくれる。

だが、そのあとのフォローが疎《おろそ》かだと絶対に許してくれない。

直接会ってお詫びするのを強要するのは迷惑な話だが、会ってお詫びする以外のフォローをどうするかに知恵を絞る必要がある。

「わざわざ来なくてもいいよ」と言われたあとに何をするか、である。

換言すれば、「わざわざ来なくていいよ」と言われたらチャンスなのだ。

「わざわざ来なくていいよ」のあとに何をするかで、あなたの人生は決まるのだ。

「わざわざ来なくていいよ」と言われたあとが、勝負

16

大声の謝罪は逆効果

あなたもテレビドラマなどで一度は見たことがあるだろう。

大声で謝罪するシーンを。

否、テレビドラマに限らず、現実でも大声で謝罪するのを目撃したことがあるかもしれない。

私もこれまでの人生でそうしたこともあるし、そうされたこともある。

以上の経験を踏まえた上で結論を述べると、大声の謝罪はたいてい逆効果だということである。

〝たいてい〟と表現したのは、中には大声で謝罪されるのが好きな人もいるにはいるからだ。

大声で謝罪されるのが好きな人は、昔ながらの体育会系気質で声の大きな人が多いから、普段、観察したり周囲の評判を考慮《こうりょ》に入れたりしながら判断すればいい。

最近では減少傾向にあるそれらの人々を除けば、大声の謝罪は不快に思われることが多いのだ。

なぜ大声の謝罪が不快に思われるかといえば、**威嚇《いかく》しているように見えるからだ。**

「どうだ！　こんなに大きな声で謝っているのだから、あなたは私を許すべきだ」

という、いやらしい魂胆《こんたん》が見え隠れするのだ。

こういう話をすると、必ず大声謝罪の常習犯《じょうしゅうはん》から、「そんな気持ちは微塵《みじん》もない！」とこれまた大声の反論が聞こえてきそうだが、本人がどう思うかではなく、相手がどう思うのかがすべてなのだ。

謝罪している分際《ぶんざい》で元気に見えるのは醜いと知ることも、また大人の教養だ。

オフィスなど周囲に人がいる場所で大声の謝罪をされると、何やらこちらが悪者扱いされてしまう空気が出来上がる。

「あの人、あんな風に謝らせているなんて、怖い人ね」「あそこまで追い詰めなくてもいいのに……」という印象を与えてしまう。

謝罪している側はそれも計算に入れて、大声で人目《ひとめ》を集めているのだ。

仮にそういうつもりがなくても、結果としてそうなっていることに気づくことだ。

この世で無意識の罪ほど重い罪はない。

もしあなたの大切な人がひき逃げをされて、犯人が「知らなかった」「そんなつもりはなかった」と何の反省の色もなく主張をしたらどう感じるだろう。

何事も、でかけりゃいいってものじゃない

17

「クレーマー」と口にした瞬間、反省がなくなる

私はコンサル時代に、コールセンターのプロジェクトをしたことがある。

コールセンターの仕事を通して教わったことは、「クレーマー」と口にするオペレーターには、クレーマーが集まってきやすいという法則があるということだ。「クレーマー」が口癖になっているオペレーターとも何度か個別面談をしたことがあるが、私までムカムカしてきたものだ。

もはや何でもない穏やかな話まで、クレームに発展させてしまう天才だった。

彼女たちの電話をする音声を収録して分析してみたところ、他のオペレーターよりも以下のセリフが際立《きわだ》って多かったことが判明した。

「先ほど申し上げました通り……」

もっと酷いものになると、こんなセリフも平気で吐かれているものもあった。

「さっき言いましたよね？」

いかがだろうか。

あなたの会社にも悪気なくこうしたセリフをお客様に吐き続けている〝さげまん〟はいないだろうか。

こうしたさげまんを会社で養っていると、確実にクレームが増えるし、会社の業績もガタ落ちになるのは目に見えている。

組織にさげまんがいるだけで、すべてが下げ下げモードになっていく。

クレーマーというのは、普通のお客様だった善良な人々をさげまんが豹変《ひょうへん》させた結果なのだ。

「クレーマー」と口にした瞬間、反省がなくなるのだ。

どんなに理不尽なお客様でも、必ずその言い分に一理あるはずだ。

怒鳴り散らしている相手でも、冷静に言っている内容を分析すれば、至極《しごく》まっとうな話をしているものだ。

理不尽な相手には、誠実さで応じることだ。

怒鳴り散らしている相手には、冷静に応じることだ。

クレーマーを善良なお客様に変えていくのが、プロの仕事なのだ。

そのためには、今日から「クレーマー」という言葉とは別れを告げることだ。

そして「クレーマー」と口にする人々からは、距離を置くことだ。

必ずあなたの人生は変わるだろう。

すべてのお客様の言い分には、誠実に耳を傾けよう

18

相手が話し始めたら、全身全霊で傾聴する

あなたが謝罪している最中に、相手が途中で話を遮ってくることがあるだろう。

あなたが弁明している最中に、相手が途中で話を遮ってくることがあるだろう。

そんな時に、あなたはどうしているだろうか。

ひょっとして、負けん気むき出しになって話し続けてはいないだろうか。

私がこれまで出逢ってきたビジネスパーソンたちを思い返してみると、過半数の人々は相手が自分の話を遮ったら、それに対抗して話し続けていたものだ。

恐らく本人たちは謝罪や弁明に必死で、それに気づいていないはずだ。

その結果は、もちろん謝罪は失敗に終わる。

あなたもこうして本を読んでいるうちは、「そりゃそうだろう」と鼻で笑うかもしれないが、当事者として必死に謝罪や弁明をしていると同じ過ちを犯す人が多いと思う。

あなたも謝罪や弁明をされる側になればわかるはずだが、相手の話がとにかく長く感じるはずだ。

特に趣旨がズレていたり言い訳が延々と続いたりすると、殺意を抱くほどにイライラする。

だから耐え切れなくなって、つい途中で話を遮ってしまうことになる。

「人の話は最後まで聞きましょう」という教えは、義務教育までは正しかった。ところが大人の世界では、「格下の人の話は最後まで聞く必要はありません」となるのだ。

厳しいが、これが人間社会の現実なのだ。

最近はそこら中で平等主義がはびこっているが、もちろんそれは平均未満の世界の人々の妄想《もうそう》に過ぎない。

人間社会は本質的に平等などあり得ず、必ず格差が生じるようになっているのだ。

これは憲法や法律などを遥かに凌駕《りょうが》する、我々の本能にインプットされた自然の摂理《せつり》だから従わざるを得ない。

あなたが謝罪する立場だということは、あなたが格下だということだ。

つまりいかなる理由があろうとも、格上の相手の話が始まったら傾聴しなければならないということだ。

この自然界のルールに背けばあなたは干され、従えばあなたは許される。

普段から目上の人の話が始まったら、全身全霊で傾聴する癖をつけておくことだ。

謝罪をする立場のときは、自分は格下だと自覚しよう

19

謝罪の途中で、相手の間違いを正さない

これまた謝罪が失敗に終わる好例としては、謝罪をしている分際で相手の間違いを得意気《とくいげ》に正すということが挙げられる。

本人は鬼の首でも取ったかのようにご機嫌になっているが、ほぼ１００％の確率で抹殺される。

現に私の周囲にいた学校秀才で、この過ちを犯したために組織を干されて廃人同然になってしまった人間も複数いる。

不思議なことに、本人たちは間違いを訂正した直後はいずれも満面の笑みを浮かべていた。

私は帰りの新幹線で彼らに「今日は相手を怒らせてしまったね」と教えてあげても、彼らは聞く耳を持たなかった。

随分落ちぶれてすっかり丸くなった彼らは今頃になって、「あの時教えてくれた意味がようやくわかった」と告白してくる。

謝罪に関係なく、偉い人というのは自分の間違いを訂正されるのが大嫌いだ。

「そんなのは絶対に間違っています！」とあなたは興奮するかもしれないが、それはあなたが偉くないからだ。

あなたも偉くなれば必ずそうなるのだ。

私はこれまでに3000人以上のエグゼクティブたちと対話してきた。

中には世間で「誰でも分け隔てなく接するいい社長」「誰が言ったかではなく、何を言ったかを重んじる偉い人」と評されている人もいたが、現実にはそんな人は一人もいなかったと断言できる。

少なくとも、個室で本音レベルの対話をした中では、一人もいなかった。

人は出世すればするほどに凡人のくだらない話を聞くのが苦痛になるし、権力を握れば誰もが自分の思い込みを世の中の模範解答にしたがるものだ。

それが自然の摂理に則っているということであり、それでいいのだ。

もちろん出世もしておらず力もない人間がそんなことをすれば、瞬殺されるだろう。

弱肉強食は、これからも未来永劫《えいごう》継続する自然の摂理なのだから仕方がない。

ここで大切なのは、今は弱者でもこれから出世して強者になるためにはどうするかである。


弱者が出世するためには、強者の嫌がることを絶対しないに限る。

謝罪中に相手の機嫌を損ねる行為は、論外

20

極端に短い謝罪メールは、送らないほうがマシ

メールで謝罪する人は多いと思うが、これだけは注意しておきたいということがある。

それは相手のクレームに対して、極端に短いメールで謝罪したつもりになるということだ。

相手が１０００文字でクレームを訴えているのに、あなたが三行でシンプルに謝ったら相手は激怒するはずだ。

なぜなら、相手は自分の怒りを理解されていないと思うからである。

冗談ではなく、こうした対応は大手企業でも数多い。

「大企業はお客様の数も膨大でありそれどころではない」というのは、もちろん醜い言い訳だ。

膨大なお客様に支えられているからこそ、きちんと対応すべきなのだ。

ひょっとしたら大企業でもないのに、あなたは極端に短い謝罪メールを送ってはいないだろうか。

もし極端に短い謝罪メールを送って謝ったつもりになっているのなら、そんなメールは送らないほうがマシである。

怒りの炎に油を注ぐようなものだからである。

謝罪メールというのは、本来バカにはできない。

なぜなら相手のクレームを読解する国語力が求められるし、どこをどう謝れば相手の怒りが収まるのかを洞察《どうさつ》する力も求められるからだ。

「お客様の本音はこの一行にあるな」ということが理解できるのは、相当な国語力がなければ無理だ。

私が見たところ、マネージャークラスでも国語の読解力が不足しているために、お客様に愛想を尽かされる業界もある。

「いくら日常会話レベルの英話が話せても、悪い頭は良くならないな」と、がっかりする。

クレームのメールを返信する際には、必ずきちんと相手の怒りのポイントを押さえることだ。

そしてそのポイントを都合のいいように軽減させることなく、「ひたすらこちらの責任です」というベースで復唱することだ。

その上で絶対に言い訳などしないで、きちんと謝罪することだ。

相手に「そこまでは言っていないのに……」と思われるくらいで、ちょうどいい。

相手の怒りのポイントを、しっかり洞察する姿勢が大切

21

別れ際のお辞儀を、もう一度丁寧に

面会して謝罪をさせていただいたら、必ず別れ際にもきちんとお辞儀をすることだ。

別れ際のお辞儀を忘れたり浅かったりすると、もうそれだけで謝罪が失敗に終わることもある。

仮に許してもらえたとしても、「残念な人だな」という印象は拭《ぬぐ》えない。

私の場合は、別れ際のお辞儀をしない人は、「本当は反省などしていないのだろうな」と思う。

きっと反省していないのだろう。

その証拠に、別れ際にお辞儀をしない人は、すっかり元気になって帰っていく。まるで今回の失敗がなかったかのように、堂々と胸を張って歩いている人もいる。

失敗を水に流すのは、謝罪する側ではない。

失敗を水に流すのは、あくまでも謝罪される側なのだ。

この基本を押さえずにいくら謝罪しても、きっと相手にその誠意は伝わらないだろう。

本当に反省していたら、謝罪のあとですぐには元気になどなれやしない。

「そんなに固いことを言わずに……」とあなたは思うかもしれないが、あなたも自分が心底反省した時のことを思い出してみればわかるだろう。

映画やテレビドラマ的には、その日の夕食もちょっと元気がないくらいだと本気で反省したと思える。

実際のところどうかは誰にもわからないが、**少なくとも心底反省したように相手から見えることが大切なのだ。**

相手に「どうか明日には元気になってくれよ」と同情されるくらいを目指すのだ。

そのためには、別れ際のお辞儀をもう一度丁寧にすることだ。

そしてしばらく歩いて行って相手の姿が見えなくなる頃に、もう一度お辞儀をしておくことだ。

私の経験上、ここでまだ相手がこっちを見ている可能性は2割以上ある。

相手はあなたが見えなくなるまで、ずっとあなたの背中を見ているということだ。

その相手に対して最後に深々とお辞儀をすると、謝罪としてはほぼパーフェクトだと言っていい。

別れ際の印象というのは、第一印象の1億倍重要なのだ。

反省が相手に伝わるように、最後までしっかり振る舞うべきである

第3章◆超一流の謝り方　標準

22

反省とは、それを機に習慣を変えることである

あなたもご存知のように、真の反省とは言葉だけで終わるものではない。

謝罪したあとに、すかさず行動を変えることだ。

そして、行動を変えただけでは反省したことにはならない。

行動を継続させて新しい習慣にすることが、反省したということなのだ。

上司や先輩から何か注意を受けると、「そんなことくらいわかっています！」と吠える新人は昔からたくさんいたが、それは１００％間違っている。

なぜなら本人がわかっているかどうかは問題ではなく、周囲からわかっているように見えなければ意味がないからだ。

周囲からわかっているように見えることこそが、本当にわかっているという意味なのだ。

周囲はその新人がわかっているように見えないから、何度も注意してくるのだ。

もちろん、お客様からも同様に注意をされ続けるのだ。

上司や先輩、お客様から繰り返し同じことを注意されないようにするためには、習慣を変えるしかない。

いつ、どこで、誰に見られても大丈夫なように、である。

それが本当に反省したということなのだ。

「遅刻はいけない」ということは誰でもわかっているが、それを習慣にしている人は本当に少ない。

現に私と一緒に仕事をする編集者の中にも、「遅刻はいけない」という本を企画しているにもかかわらず、微妙に遅刻してくる人がいる。

1分か2分遅れてやってきて、「この程度ならセーフ」と勝手に自分に言い聞かせているようだが、それでも罪悪感があるのか、どこか顔が引きつっていることが多い。

私の部屋にある時計はすべてアナログであり、完璧に時報《じほう》に一致させてある。

だから1分も遅刻されると、目立って仕方がない。

そして1分遅刻する人間は、必ずといっていいほど実際に仕事がスタートすると約束の締め切りにも遅れる。

取引先も同様に遅刻魔が多いから、すべてが遅れていくわけだ。

いくら謝罪しても、習慣が変わらないうちは何も反省していない証拠なのだ。

習慣を変えてこそ、真の反省となる

23

相手が本当に訴えていることを洞察する

結局のところ、謝罪というのは心よりも頭で決まる。

本当は「頭ではなく、心で決まる」と綺麗にまとめたほうがホッとするのだろうが、私の主義に反するのでここも本音を貫き通したい。

怒り心頭《しんとう》に発《はっ》している相手は、何を訴えているのかを洞察することだ。

最初のうちは洞察するのに時間がかかるだろう。

失敗の連続だろうが、できる限りその場に居合わせた人や頭のいい知人に状況説明をして知恵を拝借することだ。

すると怒りというのは、たいていロジカルな理由ではなく、極めて感情的な理由から発生しているのだと気づかされるはずだ。


99％の怒りは、その人のプライドが傷つけられたことが原因となる。


ホテルやレストランで大クレームが発生するのは、お客様がプライドを傷つけられたということを押さえずに、淡々とロジカルに対応するからだ。

あらゆるクレームは、「自分はこんなに軽く扱われてプライドが傷ついた。どうしてくれるのだ！」ということに集約される。

傷ついたプライドを癒してもらいたい相手に対して、表面上の対応をいくらやっても納得してくれない。

よく、言われた通りにやったのに、「そういうことを言っているんじゃない！」と烈火《れっか》の如く怒り始めるお客様がいる。

すでにあなたは気づいたと思うが、お客様は決して本音など教えてくれないものだ。

泥臭い本音を隠して、遠回しに建前でクレームを伝えてくる。

「この私に向かってあの子の態度は何？」とは言えないから、「温もりを感じない」「笑顔がない」といった婉曲的《えんきょくてき》な表現でクレームを言う。

「俺様に反論するとは何事か！」とは言えないから、「コミュニケーション能力が低い」「礼儀を知らない」といった婉曲的な表現でクレームを言う。

それはお客様が悪い人だからではなく、お客様がいい人だからである。

そのお客様の優しさに便乗してはいけないのだ。

「厳しく指導しておきます」といった模範解答は的を外している。

ここは一つ、**「分をわきまえるように指導しておきました。もしよろしければ、直接本人からも謝罪させていただけないでしょうか？」**でちょうどいい。

謝罪は、「心よりも頭」で決まる

24

謝罪には、演出も必要

テレビで謝罪会見を見ていると、謝罪の上手い人と下手な人がいる。

中には、「この人本当は反省していないよね」とわかる人もいるが、きっと多数決ではバレないからそれで通るのだ。

あるいは、「この人かなり凹んでいるけど服装で損しているよね」という人もいるが、きっと多数決では反省していないと結論を下されるのだ。

否、この際もっと本音でいこう。

本当はあなたもわかっているはずだ。

謝罪会見では、本人たちはまったく反省などしてないということを。

それどころかきっと、「まったく、運が悪かった。トホホ……」「どうして自分ほどの偉人が凡人に頭を下げなければならないのか」と、自分のことを被害者と思っているはずだ。

勘違いしてはならないが、だからといって彼らが悪いわけではない。

あなたも成功者になってテレビで謝罪会見をするくらいまで出世すれば、きっと同じことを思うはずだ。

当事者意識を持てば、謝罪会見を開いて、たとえポーズでも頭を下げるというのは凄いことだと思えるはずだ。

こうして本を読んで熱心に勉強しているあなたは、将来出世する可能性が高い。

つまり、謝罪会見を開く可能性が普通の人よりも桁違《けたちが》いに高いはずだ。

そう考えると、謝罪の演出も勉強しておく必要があることがわかるだろう。

謝罪会見を見ていて、「お、これは上手いな」というものはきちんと憶えておくことだ。

今ならインターネットの動画サイトでも、上手い謝罪方法は検索し放題だ。

何度も繰り返し見て、服装もチェックし、自分でも練習しておくことだ。

注意しなければならないのは、自分とタイプの似たモデルを探さなければ意味がないということだ。

一流のお笑い芸人と一流の政治家とでは、謝罪の仕方がまるで違うだろう。

もちろん同じお笑い芸人でも、個人によって謝罪の仕方がまるで違う。

同じ政治家でも、個人によって謝罪の仕方がまるで違う。

あなた〝ならでは〟の謝罪を習得することは、将来成功するためには必須科目なのだ。

自分ならではの謝罪の仕方を、研究しよう

25

謝罪では、饒舌《じょうぜつ》より訥弁《とつべん》が武器になる

自分は訥弁だから謝罪が苦手だという人は多い。

それは訥弁だから謝罪が苦手なのではなく、単に謝罪が嫌だから訥弁を盾にして謝罪から逃げているだけだ。

誰だって謝罪は苦手なのだ。

ここでは、訥弁にコンプレックスを持っているあなたに吉報がある。

謝罪においては、饒舌よりも訥弁のほうが武器になるということだ。

なぜなら同じことを話していても、**饒舌よりも訥弁のほうが誠実に見える**からだ。

あなたも謝罪される側になったことを思い出せば、これは容易に理解できるはずだ。

饒舌にスラスラまくし立てて謝罪されると、あなたはどこかバカにされたように感じるはずだ。

反対に訥弁で不器用に謝罪されると、あなたは優越感を持って相手を応援したくなるはずだ。

いい悪いは別として、これが人間の本質なのだ。

私はこれまでにコンサルで、様々な業界のセールスパーソンたちの営業に同行させてもらった。

それらの経験を通して明らかになったのは、どの業界でもトップセールスというのは訥弁が多かったという事実だ。

今だから告白するが、本来饒舌なのにあえて訥弁を装っているトップセールスも複数いた。

私と車に乗っている最中はとても饒舌だったのに、お客様の前ではまるで人が変わったかのように訥弁に豹変したのだ。

ところが訥弁に豹変した彼らをよく観察していたところ、話し方は不器用そうだが、話の内容はすべてきちんとしていた。

そこで帰りに車の助手席に座っていた私は、「ひょっとして、わざと口下手を装っているのですか?」とストレートに聞いてみた。

相手は「驚きました。見抜かれたのは、千田さんが初めてですよ」と即認めた。

もちろん生来訥弁のトップセールスが大半だったが、中にはあえて訥弁を装っているトップセールスも結構いたのだ。

いずれにせよ、その共通点は、話の内容はプロらしくきちんとしていたということとだ。

謝罪においては、
口の上手さは関係がない

26

過ちが許されないのではなく、
過ちの隠蔽が許されないのだ

何か問題が発覚してマスコミで騒がれている人たちの共通点は、過ちを犯したことではない。

過ちを犯したことに対しては、大衆は意外に寛容《かんよう》だ。

ところが**犯した過ちを隠蔽しようとした瞬間に、大衆は悪魔に豹変する。**

「やっちゃいました！」と即告白すれば最小限の騒ぎで終わるが、何年も隠蔽し続けていたのが発覚すると、何ヶ月にもわたってマスコミで延々と報じ続けられる。

過ちは、告白するスピードと、それが咎《とが》められる期間の長さが比例する法則があるのだ。

あなたは、マスコミで報じられるような重大な過ちは犯さないかもしれない。

だが、どんなに些細な過ちでも隠し続けて蓄積されれば、重大な過ちに発展する可能性がある。

否、大手金融機関で発覚する、社員による途轍《とてつ》もない大金の横領なども、最初はすべて小さな過ちだったのだ。

新入社員の頃に、旅費交通費をちょっと水増し請求したことで味を占めたのだ。

それが次第にカラ出張になり、領収証の改ざんになる。

そのうち、どう考えてもいずればれるような偽の帳簿を作ったり、投資話で詐欺行為に走ったりするのだ。

数万円ならまだ取り返しがつくと思っていると、あっという間に数十万円、数百万円になり、感覚が麻痺してきた頃には億単位の金額に膨れ上がっている。

まるで、世の中は自分中心に回っているかのように、気持ちが大きくなってくる。どんなことをしても自分は特別だからばれないと、根拠のない自信が漲《みなぎ》ってくる。

ところがある日突然、事件はあっさり発覚してしまう。

よく考えてみればば簡単にばれるはずなのに、騙《だま》しの手口があまりにも幼稚過ぎて周囲は予想だにしなかったのだ。

これは何も大袈裟な話ではなく、あなたのごく身近で起こっていることだ。

以上を読んでドキッとした人は、まだ大丈夫だ。

今すぐ心を改めれば、取り返しがつく。

人間である限り、過ちは誰でもやらかす。

だがそれを正直に告白する人と、隠蔽し続ける人がいるだけだ。

過ちの隠蔽は、さらに事態を悪化させる

27

「ですからこうして謝っているじゃないですか！」で、永久追放せっかく謝罪したのに、逆ギレしてしまう人がいる。

どうしても相手に許してもらえないことがわかったり、痛いところを突かれて反論できなくなったりしたらこうシャウトする。

「ですからこうして謝っているじゃないですか！」

率直に申し上げて、これは最悪だ。

謝罪する立場のくせに逆ギレをしたら、あなたはその世界から永久追放されると考えていい。

いかなる理由があっても、謝罪する立場の人間は逆ギレをしてはいけないのだ。

たとえばサラリーマンの世界では、上司に謝罪していた部下が突如逆ギレすることが珍しくない。

最近は部下を甘やかしている上司が増えてきたから尚更《なおさら》だ。

ちょっときつく注意するだけで「パワハラだ！」と叫ばれてしまうくらいだから、まあ気持ちはわからないでもない。

ところが部下に逆ギレされた上司はどう思うだろうか。

きっと生涯その部下を恨み続けるはずだ。

口に出してそんなことを言う人間はいないが、本心では絶対に許さないものだ。

コンサル時代の私の顧問先でも人事決定の際に、「どんなことがあってもあいつだけは絶対に取締役にはさせない」と、真っ赤な顔をして感情を露《あら》わにした社長がいた。

〝あいつ〟というのは、社史を塗り替えるほどの圧倒的実績を残して会社を盛り立ててきた逸材《いつざい》である。

その理由を聞いてみたところ、自分が課長時代に〝あいつ〟に逆ギレされたことを社長はずっと根に持っていたのだ。

結局〝あいつ〟は取締役どころか、孫会社に左遷《させん》されて廃人同然になってしまった。

実のところ、サラリーマン世界の人事はこんな事例で溢《あふ》れ返っている。

そのくらい謝罪する立場の人間が逆ギレするという行為は罪が重く、人生を棒に振るものなのだ。

根に持った上司はあの手この手でその部下の出世を阻《はば》むだろう。

逆ギレした相手が落ちぶれる姿を見るのは、逆ギレされた人間にはこの上ない快感なのだ。

謝罪する立場の人間の逆ギレは、罪が重い

28

怒鳴ってくるお客様の対処法は、簡単

クレーム対応もある程度ベテランになってくると、次第にこんなことがわかってくる。

怒鳴ってくるお客様の対処法は、比較的簡単だということだ。

人は長時間怒鳴り続けることはできないからだ。

普通は30秒も怒鳴るとヘトヘトになり、1分も怒鳴り続けようものならフラフラになる。

クレームを受ける側としては、クレームを食い止めようとするのではなく、クレームを支えてあげようとすればいいのだ。

怒鳴っている人はちゃんと支えてあげなければ、本当に倒れてしまうのだ。

途中で息切れしてきたら、きちんとあなたの愛情で支えてあげることだ。

相槌《あいづち》を打つタイミングやしぐさも、相手が気持ちよく怒鳴り続けられるように工夫を凝らすことだ。

怒鳴っている人からは逃げるのではなく、全身全霊で傾聴して支えてあげることだ。

怒鳴ってくるお客様の対処として最悪なのは、一緒に怒鳴り合いになってしまうことだ。

私がサラリーマン時代に、某地下鉄の駅で駅員がお客様と怒鳴り合いをしているのを見かけたことがある。

それを見た私は、「駅員さんも大変だな」とは微塵も思わなかった。

二人とも同じ穴のムジナだと思ったし、仮にもお客様に対する態度として駅員は下品極まりないと不快な思いをしたものだ。

あの駅員はたまたま地下鉄で働かせてもらっているだけで、時と場所を変えれば怒鳴り合っていたお客様そのものになるのではないだろうか。

きっと周囲の乗客も同じように不快な思いをしていたはずだ。

次に陥りがちな誤りは、怒鳴っているお客様から逃げようとすることだ。

怒鳴っているお客様は、逃げれば逃げるほどに追いかけてくる野良犬だと考えればいい。

怒鳴っているお客様は、あなたがきちんとクッション代わりになって受け止めて差し上げるのだ。

ただし、いかなる理由があろうとも上から目線で受け止めるべきではない。

怒鳴ってくる相手からは決して逃げずに、しっかり受け止める

29

落ち着いて敬語を使ってくるお客様は、手強《てごわ》い

クレーム対応もある程度ベテランになってくると、次第にこんなことがわかってくる。

落ち着いて敬語を使ってくるお客様は、かなり手強いということだ。

本来、怒鳴り込んできてもおかしくないところで、落ち着いて敬語を使ってくるお客様は相当偉い可能性がある。

お客様だから偉いのではなく、お客様ではなくても偉い人なのだ。

社会的地位としては、あなたの会社の社長よりも遥かに格上だと考えて間違いない。

ここを勘違いして、「この客、ちょろい」と適当に対応してしまうと、取り返しのつかないことになる。

あとから上司に呼び出されて厳しく指導を受けることで済めば、かなりラッキーなほうだ。

普通は自分でも気づかないうちに、完全犯罪の如く左遷されたりクビになったりする。

場合によっては会社ごと消される。

ひょっとしたらあなたも、「最近どうも運が悪くなってきたな」「どうしてこんなに不遇が続くのだろう」と感じたことがこれまでに一度や二度はあるかもしれない。巷のスピリチュアル本や自己啓発本を読んで、「逆境こそ笑顔が大切」「人生山あり谷あり」と自分に言い聞かせても何の効き目もなかったのではないだろうか。

それもそのはず。

それは、かなりの確率で偉い人を怒らせてしまった可能性があるからだ。

偉い人というのは、鶴の一声で世の中を変えることができる。

咳払いをするだけで暗黙の了解で特定の誰かの人生を狂わせることなど、容易なことだ。

そんな漫画のような話があるわけがないと思った人は、おめでたい。

普通にテレビや新聞、ネットでニュースを眺めていれば、不思議な事件がたくさんあることに気づくだろう。

不審な死を遂げたり、突如業界を干されてしまったり、出来レースのような逮捕劇だったり。

反対に、「そういえば埋蔵金《まいぞうきん》問題はどうなったの?」「あの政治家の汚職はほとんど取り上げられなかったね」というように、自然消滅していくこともたくさんある。
怒鳴られてもおかしくない場面で怒鳴られないことは、それだけ怖いことなのだ。

怒鳴らない相手への対応を誤ると、取り返しのつかないことになる

30

お客様を悪魔に豹変させるのは、あなたが絶望を押し付けるからだ

役所や郵便局で、お客様が怒鳴っている姿をよく見かける。

その様子をじっくり観察していると、こんなことに気づかされる。

お客様に対して「できません」「無理です」と、淡々と絶望を押し付けてしまっていることだ。

当の公務員や局員たちは、「私は間違っていないのに……」「こんなに正しいことを言っているのに……」と不思議そうな顔をしている。

きっと上司も、どうして怒鳴られなければならないのかわからないから、指導のしようがないのだと思う。

最悪の場合は、「最近はクレーマーが多いね」「すぐに怒鳴るってかっこ悪いよね」といった受け止め方をし、間違った方向に組織が進んでしまう。

こうして、いずれ世間からの完膚《かんぷ》なきまでの大バッシングを受けて、行政から指導が下って民間からテコ入れされることになるのだ。

きっと行政のお偉いさんがたまたま役所を訪れて、窓口の生意気な対応にカチン！　ときたのがきっかけなのだ。

役所のサービスが悪いのは周知の事実だから、マスコミを使って世論を味方につけることなど極めて簡単なことだ。

「ちょっと懲らしめてやれ」ということで、あらゆる〇〇改革は決まっていくのだ。

さて、ここはお客様に絶望を押し付けると、お客様は悪魔に豹変するという話だ。

お客様を悪魔ではなく、天使にさせる方法は簡単だ。

絶望を押し付けるのではなく、希望を与えるのだ。

「できません」「無理です」と絶望を押し付けるのではなく、「あと印鑑《いんかん》さえあればできますよ」「3ヶ月以内の公共料金の支払明細書のコピーがあれば大丈夫ですよ」と希望を与えよう。

しかもお客様と一緒に悔しがってそう言えれば、パーフェクトだ。

以上は、もちろん役所や郵便局に限らない。

あなたの仕事はあなたがプロだから詳しいのは当たり前だが、お客様は素人だ。

あなたよりお客様のほうがどれだけ学歴や社会的地位が高くても、少なくともあなたの仕事に関してはあなたのほうが詳しいはずだ。

だからこそお客様はお金を払っているのだと感謝すれば、希望を与えられるはずだ。

お客様には、希望を与えよう

31

涙ながらの謝罪は、もう飽きた

ある女性経営者三人から、こんな共通の話を聞いたことがある。

「女性の涙の９割は嘘だ」

このことを、当時信頼していた女性コンサルタントに伝えたところ、「９割じゃなくて99％が嘘」と訂正されてしまった。

連日のように顧問先の従業員たちと面談を繰り返していた私は、女性の涙に遭遇するたびにこの話を思い出したものだ。

確かに彼女たちをよく観察していると、泣き終わったあとはケロッとしていた。

つまり演技だったのだ。

中には目だけではなく、鼻と口も涙だらけにするという迫真《はくしん》の演技を遂げたお局《つぼね》様《さま》もいたが、その後の態度を観察している限り反省はしていなかったと断言できる。

すでに述べたように、習慣が変わらなければ反省したことにはならないからだ。

ついでに私は好奇心からそうしたお局様たちに、「それって、やっぱり演技ですか？」とストレートに聞いてみたことも何度かある。

すると１００％の確率で彼女たちは嘘を暴かれた子どものようにしどろもどろになって、それ以来私と目を合わせなくなったものだ。

テレビの謝罪会見でも涙を流している人を見るたびに、「これも演技だな」と簡単にわかるようになった。

同時に、涙でごまかすということは、まったく反省していないのだとわかるようになった。

涙を流すのは反省しているからではなく、その場を上手く切り抜ける自己保身のためなのだ。

それ以外の理由など何もないのだ。

これは男性も同じだ。

特に最近では、男性も涙のバーゲンセールをやっている。

とにかく涙を流せばいいと勘違いして、逆にそれが失笑を買ってしまう人もいる。

涙を流さなければ、反省していないと思われることに怯えているのだろうか。

役者でもないのに不器用な演技をしても、醜いだけだということに本当に気づかないのだろうか。

男女問わず、謝罪の涙は同情の余地はないし、信じてはならない。

謝罪で涙を流すのは、三流のやることだ。

謝罪の際の涙には、何の効果もない

第4章◆超一流の謝り方　応用

32

「ごめんなさい」が言えなくなって、すべての会社は潰れていく

人間関係が途切れる原因を追究していくと、「ごめんなさい」が言えなかったことに辿《たど》り着く。

友情も愛情も「ごめんなさい」が言えないから途切れていくのだ。

これが会社の倒産にも直結する。

会社がなぜ倒産するかといえば、お客様が離れていくからだ。

多くのお客様たちにふられるから、その会社は世の中から不要になって消えるのだ。

これが倒産の本当の理由だ。

会計不祥事で倒産するのではなく、会計不祥事で多くのお客様に愛想を尽かされるから倒産するのだ。

偽装問題で倒産するのではなく、偽装問題で多くのお客様に愛想を尽かされるから倒産するのだ。

しかも会計不祥事も偽装問題も、長期間にわたって当たり前のように行われてきたにもかかわらず、なかなか認めたがらない。

つまりなかなか「ごめんなさい」が言えない。

最初に発覚して大騒ぎになった問題は氷山の一角に過ぎず、調べれば調べるほどに深刻な問題が次々に出てくる。

そうして最後の最後に逃げ場がなくなってから、「ごめんなさい」と頭を下げる。

説明するまでもなく、今もあちこちでこんな謝罪風景を目にするはずだ。

私の感想を率直に申し上げると、「もったいない」という気持ちで一杯だ。

せっかく一流企業に入って、しかもそこでトップにまで上り詰めた成功者なのに、どうして「ごめんなさい」をもっと早く言えないのだろうか。

もちろんサラリーマン社長はクビになるかもしれないが、それでも謝罪が潔ければ必ず救う神が訪れる。

すべてを懺悔《ざんげ》すれば、むしろ後に英雄と思われる可能性すらある。

特に巨大企業の場合、不祥事というのは何代も前の経営陣から行われてきたことくらい今時誰でも知っている。

ぜひとも「ごめんなさい」はスピーディーに言うべきだ。

「ごめんなさい」のスピードが、その人の成功を決めるのだ。

過ちを犯したら、電光石火《でんこうせっか》の如く謝る

33

大衆が
三度の飯より好きなのは、
成功者が
謝罪する姿を見ることだ

誰にも言わなくていいから、ぜひ自分にだけは嘘をつかないで正直に告白してもらいたい。

あなたは自分より成功している人間が失脚《しっきゃく》する姿を見るのが、この上なく快感ではないだろうか。

何も恥ずかしがることはない。

大衆が三度の飯より好きなのは、成功者が謝罪する姿を見ることなのだ。

どこかの芸能人が不倫騒動を起こしてテレビで謝罪している姿をよく見かけるが、本来あなたには何の関係もないし、直接迷惑をかけられているわけでもないはずだ。

にもかかわらず謝る姿を見なければ気が済まないのは、成功者が謝罪する姿を見てみたいといういやらしい本能が我々人間には備わっているからなのだ。

まったくの赤の他人である人間が、「あれは反省していない」「まだまだ」と思うのは、身の程をわきまえろというものだ。

さらに言えば、大企業で謝罪をしている経営陣にしても、本来大衆が直接同じ空間に居合わせることを許されるような存在ではない。

社会的地位がまるで違うのだ。

だからこそ、大衆は彼らが謝罪する姿を見るとメシウマ状態になるわけだ。有名人、大企業の経営陣、著名な学者、官僚といった人々が謝罪する姿を見て快感に浸るのは、自分が下側の人間であることを認めている証拠なのだ。

彼らのやったことはもちろん法に触れていれば犯罪だが、必要以上に「許せない」と感情的に騒ぐのは嫉妬《しっと》以外の何ものでもないのだ。

大手新聞社には官僚になりたくてもなれなかった人間が多いから、必要以上にエリート叩きに精を出す。

以上のことを踏まえた上で謝罪と向き合わなければ、いつまで経っても成長することはできないだろう。

人は誰もが完璧ではない。

人は誰もが過ちを犯すものだ。

しかも、これまで世のため人のために身を粉《こ》にして働いてきたエリートほど、うっかり過ちを犯してしまうことがある。

あなたが謝罪される側になった場合、最後は〝赦《ゆる》す〟勇気も持っておくことだ。

人間が持っている〝性《さが》〟を認識した上で、謝罪と向き合おう

34

「ありがとうございます」ではなく、正々堂々と「ごめんなさい」

そこそこ本を読んだりセミナーに参加したりしている若手社員の中には、謝罪の代わりに「ご指摘ありがとうございました！」と元気に叫ぶ人がいる。

実は私がサラリーマン時代にも部下の一人に、「ごめんなさい」の代わりに「ありがとうございます」と言う人間がいた。

ピン！　ときた私は彼に「そこは普通に〝ごめんなさい〟でいいよ」と指摘した。

彼は社内外から嫌われていたが、それは謝罪の際に正々堂々と「ごめんなさい」と言えなかったからだった。

父親が社会的地位の高い職業だったためかプライドが滅法《めっぽう》高く、「ごめんなさい」と言うのが苦手だったようだ。

そこで勉強熱心な彼は、自分のプライドが傷つかなくても済むように、便利なセリフ「ありがとう」という言葉を、どこかの本かセミナーで見つけてきたわけだ。

彼はバカの一つ覚えで「ごめんなさい」の代わりに「ありがとう」と伝え続けた。

その結果、嫌われ者になって会社を去ることになった。

確かに「ありがとう」は大切な言葉だが、「ごめんなさい」も同様に大切な言葉だ。

謝罪の際にどうしても「ありがとう」と言いたければ、最後に伝えることだ。

「本日は謝罪のためにお時間をいただきまして、誠にありがとうございました」

「謝罪の機会を設けていただきまして、誠にありがとうございました」

そういう使い方であれば、「ありがとう」も映える。

ところが最初に「ごめんなさい」を伝えずに「ありがとう」と伝えるのは、単なる卑怯者だ。

おまけに、「ごめんなさい」をついに最後まで言わず、「ありがとう」だけで終わらせようとするのは人間性を疑われる。

あなたもわかるだろうが、**「ありがとう」は言いやすいが、「ごめんなさい」はなかなか言えない。**

子どもに「ありがとう」を強要すると恥ずかしそうに言うが、「ごめんなさい」を強要すると泣き出してしまう。

大人も同じだ。

「ありがとう」の何倍も「ごめんなさい」と言うのは勇気が求められる。

謝罪では安っぽい小細工《こざいく》を使わずに、ストレートに「ごめんなさい」と伝えよう。

「ごめんなさい」と言うことから、逃げない

35

過剰な謝罪を強要すると、いずれ立場が逆転する

あなたもこれまでに一度ならず、こんな経験があるはずだ。

相手に過剰な謝罪を強要した結果、その後しばらくして立場が逆転してしまったということが。

あるいは反対に、あなたが過剰な謝罪を強要された結果、その後しばらくしてあなたが出世して相手が落ちぶれたということが。

私はこれまで様々な組織のコンサルを経験してきたが、ほぼ100％の確率で過剰な謝罪を強要した側は、その後しばらくして落ちぶれていくことに気づかされた。

病的にヒステリックな女性で過剰な謝罪を強要する人がいたが、とても不幸な最期を迎えていた。

相手の欠点を見つけるのが大好きで過剰な謝罪を強要する人がいたが、間もなく自分が謝罪する側に回って干されていた。

テレビで辛口コメントをして誰かをバッシングしている人間が、今度は自分がバッシングされるような立場になることが多いが、まさにあれも同じだ。

人は自分がやったことが、そのままブーメランのように返ってくるようになっているのだ。

しかも時間が経てば経つほどに、ブーメランの勢いは増す。即返ってくる場合はほぼ同程度だが、10年後に返ってくる場合は桁違いに大きくなっている。

この法則を知って以来、私は過剰な謝罪を相手に強要するのは恐ろしいことだと注意するようになった。

否、謝罪に限らずどんなことでも、人の見ていない場所でこそ恥ずかしくない行為ができる人間にならなければならないと襟《えり》を正した。

運のいい人と悪い人がいるのは、あなたもご存知の通りだ。

しかもその差は途轍もなく大きく、埋め難い。

どこから運のいい人と悪い人の大差が生まれるかといえば、一つには**人の見ていない場所でどう振る舞っているか**という点がある。

人の見ている場所では誰もがいい人であることが多いが、人の見ていない場所ではその人の本性が露呈するものだ。

謝罪に限らず、自分がやられて嫌なことは他人にもしないことだ。

過剰な行為は、すべて自分に返ってくる

36

ほとんどの犯罪者は、本当は反省などしていない

あなたは刑務所にいる囚人たちのほとんどが反省などしていないと聞いて、どう思うだろうか。

私の大学時代に、心理学の教授が講義でこんな話をしてくれたのを今でも鮮明に憶えている。

「犯罪者というのは、本心から反省などしないものだ。それどころか被害者のせいで自分が加害者になってしまったと恨んでいるくらいだ」

殺人犯も例外ではない。

「自分は被害者のせいで殺人をしてしまった」

「被害者がこの世に生まれてきたせいで、自分は死刑になってしまうのだ」

そう考えている殺人犯は多いのだ。

もちろん、裁判ではそんなことを正直に言うはずもない。

少しでも自分の罪を軽くしてもらうために、あの手この手で反省している演技をしていることが多い。

ところが予想通り終身刑や極刑が決定するや否や、「せっかくこれまで演技してきたのに損した」と本音が出るわけだ。

ここで私は善悪の問題を問いたいのではない。

人間の本質というのは、そういうものだということを知ってもらいたいのだ。

あなたも私も人間である以上、犯罪者になる可能性が0とは言い切れない。

人というのは一人では生きられず、必ず周囲との人間関係で人生を創っている。自分以外の人々と関わりを持つ以上、自分一人ではコントロールできないことも多数発生する。

たとえば会社で営業を担当すれば、本当は売りたくない粗悪な商品でも売らなければならないこともある。

厳密にはそれは詐欺であったり法に触れたりしても、黙認して売らなければならないこともある。

次第に、自分が悪いことをやっているという感覚もなくなってくる。

こうして世間から見たら、もうすでに立派な犯罪者の一員となっているのだ。

犯罪者というのは自分のことを、加害者ではなく、むしろ被害者だと思っている。

人間とはそういうものであり、あなたもまたそうであることを知っておきたい。

自分自身も加害者になる可能性があることを、知っておく

37

人が本心から反省するのは、自分が同じ境遇に陥った時だけ

人がほとんど反省することがないのはすでに述べた通りだが、ごくたまに心底反省することがある。

それは自分が同じ境遇に陥った時だ。

たとえば学校や会社でいじめられた経験がある人ならわかると思うが、もともと自分がいじめっ子だったはずだ。

自分がいじめっ子だったから、巡り巡って人と場所と時を変えて自分に返ってきただけの話なのだ。

そして自分がいじめっ子だったことを思い出して、「人にいじめられるというのは、こんなに惨《みじ》めでつらいことなのか……」とジワッと心に沁《し》みるのだ。

あるいは自分がリーダーになって生意気な部下に手を焼いている人ならわかると思うが、その部下は昔の自分と瓜二つ《うりふた》のはずだ。

自分が生意気な部下だったから、巡り巡って人と場所と時を変えて自分に返ってきただけの話なのだ。

そして自分が生意気だったことを思い出して、「部下に生意気にされるというのは、こんなに殺意を抱くほどムカつくことなのか……」とグサリと脳裏に刻まれるのだ。

こう考えると、人生は本当に上手くできていると思わないだろうか。

もし今、あなたが何かの壁にぶつかっているのなら、それは過去の自分を顧みるチャンスだ。

あなたに起こっているすべては、絶対、必ず、100％の確率であなたの過去が原因を創っているからだ。

人生というのは、被害者と加害者が入れ代わり立ち代わり役割を演じているのだ。

ある瞬間はあなたが被害者かもしれないが、別の瞬間には一転して加害者になることもある。

ある瞬間はあなたが加害者かもしれないが、別の瞬間には一転して被害者になることもある。

被害者と加害者の間を振り子が揺れながら、あなたに様々なことを気づかせてくれているのだ。

つらい状況を楽しい状況に変えるためには、本心から反省する以外に道はない。

本心から反省して習慣を改めれば、今の壁は自ずとクリアできるだろう。

今の状況をつくっている原因をしっかりと見つめ、反省をしよう

38

本心から反省すると、人生は好転し始める

これまで出逢ってきた1万人以上のビジネスパーソンと、私自身の経験を踏まえた上で断言できることがある。

本心から反省すると、人生は好転し始めるということだ。

換言すれば、本心から反省しないからいつまで経っても人生は好転しないのだ。

いつまで経っても運の悪い人というのは、反省していない人だ。

いくら口では「ごめんなさい」「もう二度としません」と言っても人生が好転しないのは、それは本人が本心から反省していないからだ。

本心から反省した人は、パッと見た瞬間に変化があるからすぐにわかるのだ。

反省すると、まず表情が変わる。

顔の艶《つや》が良くなって、人が集まりやすい雰囲気を醸《かも》し出し始める。

人が集まりやすい雰囲気を醸し出すということは、お金も集まりやすい雰囲気を醸し出すということだ。

なぜなら、お金はいつも人が運んでくるからだ。

次に、反省すると言動が変わる。

原因を他人に求めるのではなく、自分に求めるようになる。

原因を自分に求めるようになって言動が変わると、周囲から信頼されるようになる。

周囲から信頼されるようになるということは、放っておいてもあなたは出世してお金も集まってくるというわけだ。

つまり反省するということは、あなたの生き様そのものが根本的に変わるということなのだ。

反省するのは誰でもプライドが傷つくし、ハッキリ言ってつらいことだ。

だが、これからの人生を好転させようと思えば、あなたも反省したくなるはずだ。

ずっと人生が不幸な人は、考え方がすべて間違っているのだ。

自分では気づかないだけで、おかしな発言をしたりおかしな行動をしたりしている。

ところが周囲は誰も忠告してくれない。

みんな自分のことで精一杯だからである。

だからこうして本を読んだり人の話を聞いたりして、自ら気づいていく以外に方法はない。

反省こそ、人生好転の鍵

本心から反省する方法は、すでに本書で述べた通りだ。

39

バックヤードでのヒソヒソ話は、相手にすべて聞こえている

私はサラリーマン時代に、当時一流と評価されたホテルの大半と仕事をご一緒させてもらった。

ホテルマンと親しくなってくると、裏話を教えてもらったりバックヤードを見せてもらったりする機会も増えてくる。

するとこんな事実に気づかされる。

バックヤードでのヒソヒソ話は、相手にすべて聞こえているということだ。

これがどういうことなのか、もう少し詳しく述べよう。

もちろんバックヤードでされているヒソヒソ話が、そのままお客様に直接聞こえているわけではない。

否、ひょっとしたら聞こえている場合もあるかもしれないが、それはきっと三流未満のホテルの話だ。

ヒソヒソ話がお客様に直接聞こえてこなくても、バックヤードから出てきたスタッフの表情を見ればヒソヒソ話をしていたことが一目瞭然《いちもくりょうぜん》なのだ。

人はヒソヒソ話を1年もし続けていれば、間違いなく表情がヒソヒソ話をしているようになってくる。

さすがに女性は気づいているだろうが、**表情というのは普段自分が一番している顔のシワによって決まる。**

ニコニコしている人は、横ジワが刻まれて楽しそうな表情になる。

ニヤニヤしている人は、左右のバランスが崩れて卑しい表情になる。

プンプンしている人は、縦ジワが刻まれてチンピラのような表情になる。

同様にヒソヒソ話をしている人は、いかにもヒソヒソ話をしている表情になるものだ。

私はよく都内屈指《くっし》の高級ホテルでアフタヌーンティーを楽しんでいるが、ある年に100回以上通って、全スタッフの名前と顔を一致させて観察し尽くした。

その結果、「このスタッフはヒソヒソ話をしているな」と第一印象で直感した人は、100％の確率で暇さえあればヒソヒソ話をしていたり、鬼の形相《ぎょうそう》でバックヤードから登場していたものだ。

私と目を合わせて慌てて作り笑顔をしたものだが、それが二度三度続くと萎《な》えてくる。

人生もホテルも、バックヤードこそが本来の姿なのだ。

表面を取り繕《つくろ》っても、本質は露呈する

40

謝罪マニュアルのテクニックは、相手にすべてばれていると心得る

読書家のあなたならすでにお気づきのように、本というのは１００％斬新《ざんしん》なものは１冊もこの世に存在しない。

あらゆる著者はどこかの誰かに影響を受けており、ほんの少しそこに自分〝ならでは〟を付加しているだけだ。

本に限らず、音楽や絵画でもこれは同じだ。

必ず、先人が創ってきた作品を踏襲《とうしゅう》して創造している。

「この作品はあの人の影響を受けているからダメだ」ということはないのだ。

ここで大切なことは、マニュアル的な知識は自分よりも勉強している人はすでにすべてを知っていると気づくことだ。

自分が勉強したことを、求めてもいない格上の相手に得意気に教えようとしても、相手はとっくにそれを知っているから白けてしまうのだ。

たとえば出版社の編集者が仕事の打ち合わせをしに私の書斎にやってくると、ビジネス書について講義を始める人がいる。

この人は自分が出版社に勤める編集者でプロだと思っているかもしれないが、どれも私が知っている知識ばかりで、その上分析が拍子抜けするほど浅過ぎることが多い。

特に20年前や30年前の名著についてうんちくを語られるのは、この上なく苦痛だ。そしてここ最近のベストセラーも、根底に流れる哲学は昔の名著の焼き直しだから、いくら表面上のことを熱く語られても眠くなってしまう。

つい最近では、私の本に書いている内容を、そのまま私に教えてくれた編集者もいた。

以上は〝謝罪マニュアル〟についても同じだ。

本書は謝罪マニュアルにならないように細心の注意を払って書いているが、**マニュアルというのはその道のプロにはすべてばれている。**

マニュアル通りの対応をするのは、ファーストフードだけだと思っていたら大間違いだ。

一流ホテルのスタッフや飛行機の客室乗務員も、マニュアル通りの対応しかできない人が圧倒的多数なのだ。

何かトラブルになった際に、マニュアルの中でも「とっておきのマル秘テクニック」なるものを得意気に披露されると、格上の相手は殺意を抱くほどイラッとするものなのだ。

マニュアル通りにしていれば大丈夫だと、思い違いをしない

41

「ここで謝ったら死に際に後悔する」と思うなら、謝らなくていい

謝罪の本にもかかわらず、最後に謝らなくてもいい話をしておきたい。

世の中には、どう考えても理不尽なことがある。

社内外でも、どう考えても自分が悪くないのに謝らなければならないこともある。

世の中には、どう考えても理不尽な人間がいる。

生来の悪人もいれば、詐欺で何度刑務所を出入りしても懲りない連中もいる。

こういう事件や人間に関わったら、間違いなく負のスパイラルに突入するのが鮮明にイメージできるはずだ。

これまで私が理不尽なシーンに遭遇したら、判断基準はいつも決まっていた。

「ここで謝ったら死に際に後悔する」と思うなら、謝らないというものだ。

もちろんそれによって、軋轢《あつれき》が生まれる。

場合によっては、学校を退学になるだろう。

場合によっては、会社をクビになるだろう。

場合によっては、業界を追放されるだろう。

それでも死に際に後悔するくらいなら、謝らないほうがいいのだ。

もしそこまで理不尽なことで謝れば、きっとあなたの魂が汚《けが》れるからだ。

魂が汚れるということは、あなたがあなたでなくなるということだ。

あなたがあなたでなくなるということは、それは生きているのではなく、死んでいるのだ。

死んでいるのに生きているふりをしているのが、あなたがあなたでなくなるということなのだ。

映画やテレビドラマでも、ここで謝罪したら魂が汚れるという理不尽なシーンがあるだろう。

これまで積み上げたすべてを放棄して、そこで謝罪を拒否するヒーローの姿は惚れ惚れするほどに清々しいはずだ。

あれは映画やテレビドラマの世界だけの話ではない。

ヒーローの世界では、現実にあちこちで起こっている話なのだ。

ヒーローというのは、これまで積み上げてきた偽物の栄光をあっさり手放す人間だ。

あなたは自分の人生をヒーローとして生きるために、誇りまでは失ってはならない。

ここだけの話、**魂が汚れる謝罪を拒否すると、人生のステージがグンと上がる。**

その謝罪は、あなたの魂を汚さないか？

千田琢哉著作リスト

（2016年4月現在）

『お金を稼ぐ人は、なぜ、筋トレをしているのか？』
『さあ、最高の旅に出かけよう』
『超一流は、なぜ、デスクがキレイなのか？』
『超一流は、なぜ、食事にこだわるのか？』
『超一流の謝り方』

＜ソフトバンク クリエイティブ＞
『人生でいちばん差がつく20代に気づいておきたいたった1つのこと』
『本物の自信を手に入れるシンプルな生き方を教えよう。』

＜ダイヤモンド社＞
『出世の教科書』

＜大和書房＞
『「我慢」と「成功」の法則』
『20代のうちに会っておくべき35人のひと』
『30代で頭角を現す69の習慣』
『孤独になれば、道は拓ける。』

＜宝島社＞
『死ぬまで悔いのない生き方をする45の言葉』
【共著】『20代でやっておきたい50の習慣』
『結局、仕事は気くばり』
『仕事がつらい時 元気になれる100の言葉』
『本を読んだ人だけがどんな時代も生き抜くことができる』
『本を読んだ人だけがどんな時代も稼ぐことができる』
『1秒で差がつく仕事の心得』
『仕事で「もうダメだ！」と思ったら最後に読む本』

＜ディスカヴァー・トゥエンティワン＞
『転職1年目の仕事術』

＜徳間書店＞
『一度、手に入れたら一生モノの幸運をつかむ50の習慣』
『想いがかなう、話し方』
『君は、奇跡を起こす準備ができているか。』

＜永岡書店＞
『就活で君を光らせる84の言葉』

＜ナナ・コーポレート・コミュニケーション＞
『15歳からはじめる成功哲学』

＜日本実業出版社＞
『「あなたから保険に入りたい」とお客様が殺到する保険代理店』
『社長！　この「直言」が聴けますか？』
『こんなコンサルタントが会社をダメにする！』
『20代の勉強力で人生の伸びしろは決まる』
『人生で大切なことは、すべて「書店」で買える。』
『ギリギリまで動けない君の背中を押す言葉』
『あなたが落ちぶれたとき手を差しのべてくれる人は、友人ではない。』

＜日本文芸社＞
『何となく20代を過ごしてしまった人が30代で変わるための100の言葉』

＜ぱる出版＞
『学校で教わらなかった20代の辞書』
『教科書に載っていなかった20代の哲学』
『30代から輝きたい人が、20代で身につけておきたい「大人の流儀」』
『不器用でも愛される「自分ブランド」を磨く50の言葉』
『人生って、それに早く気づいた者勝ちなんだ！』
『挫折を乗り越えた人だけが口癖にする言葉』
『常識を破る勇気が道をひらく』
『読書をお金に換える技術』
『人生って、早く夢中になった者勝ちなんだ！』
『人生を愉快にする！超・ロジカル思考』

＜PHP研究所＞
『「その他大勢のダメ社員」にならないために20代で知っておきたい100の言葉』
『もう一度会いたくなる人の仕事術』
『好きなことだけして生きていけ』
『お金と人を引き寄せる50の法則』
『人と比べないで生きていけ』
『たった1人との出逢いで人生が変わる人、10000人と出逢っても何も起きない人』
『友だちをつくるな』
『バカなのにできるやつ、賢いのにできないやつ』
『持たないヤツほど、成功する！』

＜藤田聖人＞
『学校は負けに行く場所。』

＜マネジメント社＞
『継続的に売れるセールスパーソンの行動特性88』
『存続社長と潰す社長』
『尊敬される保険代理店』

＜三笠書房＞
『「大学時代」自分のために絶対やっておきたいこと』
『人は、恋愛でこそ磨かれる』
『仕事は好かれた分だけ、お金になる。』
『1万人との対話でわかった 人生が変わる100の口ぐせ』
『30歳になるまでに、「いい人」をやめなさい！』

＜リベラル社＞
『人生の9割は出逢いで決まる』
『「すぐやる」力で差をつけろ』

千田琢哉著作リスト

（2016年4月現在）

<アイバス出版>
『一生トップで駆け抜けつづけるために20代で身につけたい勉強の技法』
『一生イノベーションを起こしつづけるビジネスパーソンになるために20代で身につけたい読書の技法』
『1日に10冊の本を読み3日で1冊の本を書く ボクのインプット＆アウトプット法』
『お金の9割は意欲とセンスだ』

<あさ出版>
『この悲惨な世の中でくじけないために20代で大切にしたい80のこと』
『30代で逆転する人、失速する人』
『君にはもうそんなことをしている時間は残されていない』
『あの人と一緒にいられる時間はもうそんなに長くない』
『印税で1億円稼ぐ』
『年収1,000万円に届く人、届かない人、超える人』
『いつだってマンガが人生の教科書だった』

<朝日新聞出版>
『仕事の答えは、すべて「童話」が教えてくれる。』

<海竜社>
『本音でシンプルに生きる！』
『誰よりもたくさん挑み、誰よりもたくさん負けろ！』

<学研プラス>
『たった2分で凹みから立ち直る本』
『たった2分で、決断できる。』
『たった2分で、やる気を上げる本。』
『たった2分で、道は開ける。』
『たった2分で、自分を変える本。』
『たった2分で、自分を磨く。』
『たった2分で、夢を叶える本。』
『たった2分で、怒りを乗り越える本。』
『たった2分で、自信を手に入れる本。』
『私たちの人生の目的は終わりなき成長である』
『たった2分で、勇気を取り戻す本。』
『今日が、人生最後の日だったら。』
『たった2分で、自分を超える本。』
『現状を破壊するには、「ぬるま湯」を飛び出さなければならない。』
『人生の勝負は、朝で決まる。』

< KADOKAWA >
『君の眠れる才能を呼び覚ます50の習慣』
『戦う君と読む33の言葉』

<かんき出版>
『死ぬまで仕事に困らないために20代で出逢っておきたい100の言葉』
『人生を最高に楽しむために20代で使ってはいけない100の言葉』
ＤＶＤ『20代につけておかなければいけない力』
『20代で群れから抜け出すために顰蹙を買っても口にしておきたい100の言葉』
『20代の心構えが奇跡を生む【CD付き】』

<きこ書房>
『20代で伸びる人、沈む人』
『伸びる30代は、20代の頃より叱られる』
『仕事で悩んでいるあなたへ 経営コンサルタントから50の回答』

<技術評論社>
『顧客が倍増する魔法のハガキ術』

< KK ベストセラーズ>
『20代　仕事に躓いた時に読む本』

<廣済堂出版>
『はじめて部下ができたときに読む本』
『「今」を変えるためにできること』
『「特別な人」と出逢うために』
『「不自由」からの脱出』
『もし君が、そのことについて悩んでいるのなら』
『その「ひと言」は、言ってはいけない』
『稼ぐ男の身のまわり』

<実務教育出版>
『ヒツジで終わる習慣、ライオンに変わる決断』

<秀和システム>
『将来の希望ゼロでもチカラがみなぎってくる63の気づき』

<新日本保険新聞社>
『勝つ保険代理店は、ここが違う！』

<すばる舎>
『今から、ふたりで「5年後のキミ」について話をしよう。』

『「どうせ変われない」とあなたが思うのは、「ありのままの自分」を受け容れたくないからだ』

<星海社>
『「やめること」からはじめなさい』
『「あたりまえ」からはじめなさい』
『「デキるふり」からはじめなさい』

<青春出版社>
『リーダーになる前に20代でインストールしておきたい大切な70のこと』

<総合法令出版>
『20代のうちに知っておきたい お金のルール38』
『筋トレをする人は、なぜ、仕事で結果を出せるのか？』

千田《せんだ》 琢哉《たくや》

文筆家。

愛知県犬山市生まれ、岐阜県各務原市育ち。

東北大学教育学部教育学科卒。

日系損害保険会社本部、大手経営コンサルティング会社勤務を経て独立。

コンサルティング会社では多くの業種業界における大型プロジェクトのリーダーとして戦略策定からその実行支援に至るまで陣頭指揮を執る。

のべ3,300人のエグゼクティブと10,000人を超えるビジネスパーソンたちとの対話によって得た事実とそこで培った知恵を活かし、“タブーへの挑戦で、次代を創る”を自らのミッションとして執筆活動を行っている。

著書は本書で121冊目。

●ホームページ：http://www.senda-takuya.com/

超一流の謝り方

2016年 4月 5日初版発行

著　者　千田 琢哉

発行者　野村 直克
ブックデザイン　土屋 和泉
写　真　Shutterstock
発行所　総合法令出版株式会社
〒103-0001
東京都中央区日本橋小伝馬町15-18
ユニゾ小伝馬町ビル9階
電話　03-5623-5121(代)

印刷・製本　中央精版印刷株式会社
 ISBN978-4-86280-495-2
落丁・乱丁本はお取替えいたします。
総合法令出版ホームページ　http://www.horei.com/

好評既刊

20代のうちに知っておきたい お金のルール38

千田琢哉／著　定価1200円＋税

２０代を中心に圧倒的な支持を得ているベストセラー著者が説く、「お金から愛される」ための大切な３８のルール。短くてキレのある言葉にグサリと打ちのめされる読者が続出。

さあ、最高の旅に出かけよう

千田琢哉／著　定価1200円＋税

旅をすれば誰でも、生きている実感を全身の細胞で味わうことができ、新たな自分を獲得できる。旅を通して自らを磨いてきた著者が語る、旅の素晴らしさと、旅を通して自分を磨いていく方法。

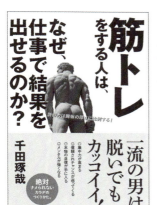

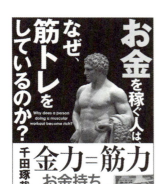

好評既刊

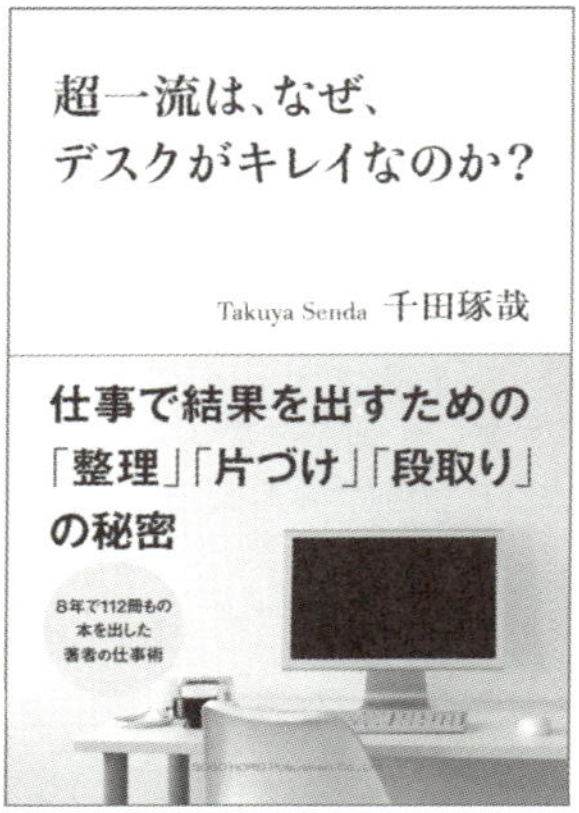

超一流は、なぜ、デスクがキレイなのか?

千田琢哉／著　定価1200円＋税

驚異のハイペースで圧倒的パフォーマンスを上げる著者が実践する、仕事で結果を出すための「整理」「片づけ」「段取り」の秘密。仕事に忙殺されてしまっている人は必読。

超一流は、なぜ、食事にこだわるのか?

千田琢哉／著　定価1200円＋税

食事を変えると、人生が変わる!　多くのエグゼクティブと対話をする中で、どのようなものをいかに食べることが効果的なのかということを研究してきた著者が明かす、仕事で結果を出すための食事法。